Manuela Braun

Mini-Filzies

Kleine Figuren aus Filz, Holzkugeln & mehr

Motivgröße
ca. 7 cm

Material Teufelchen
- Filz in Rot und Schwarz
- Biegeplüsch in Rot
- Holzperlen in Natur, 1 x ø 15 mm, 2 x ø 6 mm
- Halbierte Holzperle in Natur, 1 x ø 4 mm
- Holzperlen in Schwarz, 2 x ø 8 mm
- Fransenwolle in Schwarz
- Bastelfarbe in Schwarz und Rot

Vorlagenbogen 1A

Teufelchen

Das Teufelchen wird nach Variante 1 gefertigt. Ziehen Sie ihm die Hose über das Biegeplüsch-Gerüst und kleben Sie die Seiten schmalkantig aufeinander. Setzen Sie den Kopf auf und stecken Sie die Perlen auf die Arme und Beine. Kleben Sie ihm seine Mütze auf (siehe Seite 5) und bringen Sie die Hörner an. In den schwarzen Umhang ziehen Sie ca. ½ cm unterhalb der oberen Kante einen Faden ein. Ziehen Sie ihn etwas zusammen und binden Sie dem Teufelchen den Umhang um den Hals. So ergibt sich auch der hochgestellte Kragen. Bringen Sie den Schwanz an der Rückseite an, knoten Sie an das Schwanzende etwas Fransenwolle und drücken Sie dem Teufelchen sein Schwanzende in eine Hand. Kleben Sie die Nase an, malen Sie das Gesicht auf und kleben Sie den Kinnbart an. In die andere Hand bekommt der Teufel seinen Dreizack aus Filz, der doppelt gearbeitet wird.

Fotos: frechverlag GmbH, 70499 Stuttgart;
Hans-Jürgen Haffa, Tuttlingen;
Fotostudio Ullrich & Co., Renningen (Titel)

Dieses Buch enthält:
1 Vorlagenbogen

Auflage: 5. 4. 3. 2. 1. | Letzte Zahlen
Jahr: 2007 2006 2005 2004 2003 | maßgebend

frechverlag GmbH, 70499 Stuttgart
Druck: frechdruck GmbH, 70499 Stuttgart

ISBN 3-7724-3143-7 · Best.-Nr. 3143

Liebe Leserin, lieber Leser,

sind sie nicht niedlich, die kleinen Mini-Filzies? Egal ob Hexe, Zauberer oder Blumenkind, die kleinen Wesen erobern im Handumdrehen jedes Herz. Sie schmücken Blumensträuße, zieren den Weihnachtsbaum und lassen sich überall in der Wohnung als Blickfang aufhängen. Auch als kleine Mitbringsel bei einer Einladung sind sie wunderbar geeignet.

Mir gefiel die Idee, aus preiswerten Materialien wie Filz und Holzperlen so etwas Schönes zu kreieren. Wenn Ihnen der eine oder andere Minifilzie zu aufwändig erscheint, so können Sie ihn natürlich auch individuell abwandeln – Ihrer Fantasie sind keine Grenzen gesetzt. Und übrigens: Auch Kinder haben Spaß daran, diese kleinen Kerlchen zu basteln, ich habe es selbst erfolgreich mit meinen Söhnen ausprobiert.

Nun wünsche ich Ihnen viel Freude und Spaß beim Werkeln!

Ihre

Manuela Braun

Materialien und Werkzeuge

- Filz
- Biegeplüsch
- Holzperlen mit ø 15 mm (Kopf), ø 8 mm (Füße), ø 6 mm (Hände) und ø 4 mm (halbiert, für die Nasen)
- Schere
- Nähnadel
- Häkelnadel Nr. 5 – 6
- Nähgarn
- Reißfester Faden
- Bastelkleber (z. B. UHU Alleskleber Kraft)
- Heißklebepistole
- Transparentpapier
- Bleistift
- Stecknadel
- Pinsel Gr. 0
- Bastelfarbe
- Wellenschere

Die weiteren Materialien finden Sie in den Materiallisten der jeweiligen Modelle.

Die drei Grundvarianten

Die Modelle werden bis auf wenige Ausnahmen in drei Grundvarianten gearbeitet.

Variante 1 : Minifilzies mit Armen und Beinen
Knicken Sie das 12,5 cm lange Stück Biegeplüsch für die Beine und den Hals in der Mitte. Dann schieben Sie das 5 cm lange Biegeplüschstück für die Arme ca. 1 cm unter dem Knick dazwischen. Nun drehen Sie das Biegeplüschstück für die Arme und Beine einmal über und einmal unter den Armen um 180°. Für die Hosen und Kleider legen Sie den Filz doppelt und die Transparentpapiervorlage dann so auf den Filz, dass die mit „Stoffbruch" gekennzeichnete Seite an dieser Knickstelle liegt. Schneiden Sie die Filzteile (Kleid bzw. Hose) aus. So erhalten Sie die Vorder- und Rückseite des Kleidungsstücks. Schneiden Sie die Kleidungsstücke oben in der Mitte ein wenig ein und ziehen Sie sie über das Halsstück des Gestells. Die Außenkanten der Kleidungsstücke werden bis auf die Armaussparung schmalkantig aufeinandergeklebt.

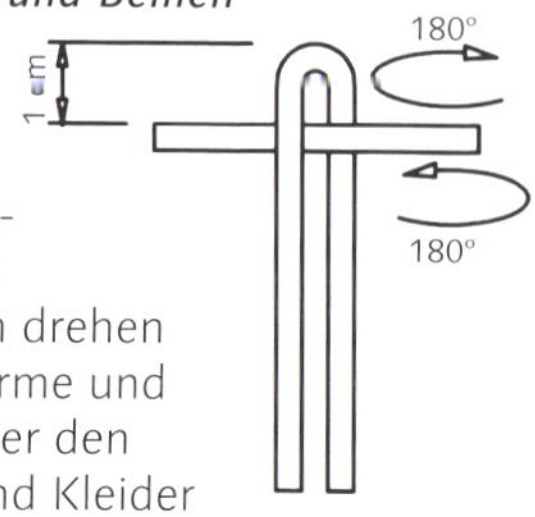

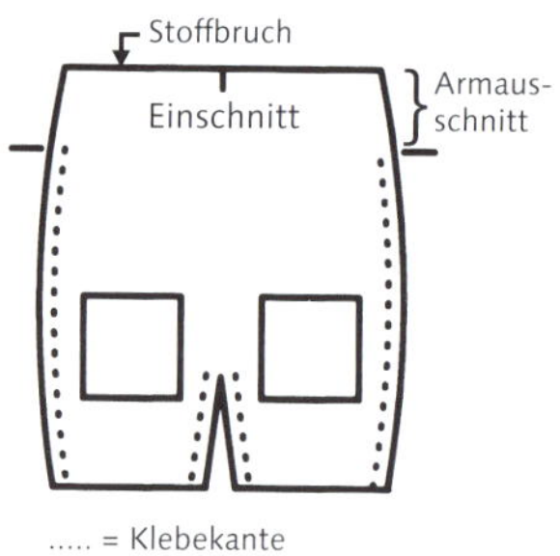

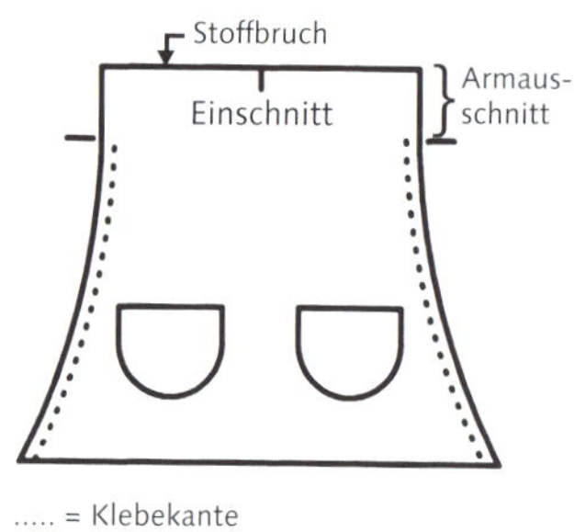

Nun stechen Sie mit etwas Klebstoff die Holzperle mit ø 15 mm auf das Halsstück (= Kopf), die Holzperlen mit ø 6 mm auf die Arme (= Hände) und die Holzperlen mit ø 8 mm auf die Beine (= Füße).

Variante 2 : Minifilzies mit Armen
Knicken Sie das 2 cm lange Biegeplüschstück für den Hals in der Mitte um das 5 cm lange Armstück und verdrehen Sie es einmal um 180°.
Schneiden Sie das Filzteil (hier z. B. ein Blatt) oben in der Mitte etwas ein und ziehen Sie es über das Halsstück. Dann kleben Sie die Kanten des Blatts bis auf die Armaussparung rundherum schmalkantig aufeinander und befestigen die Kopf- und die Handperlen.

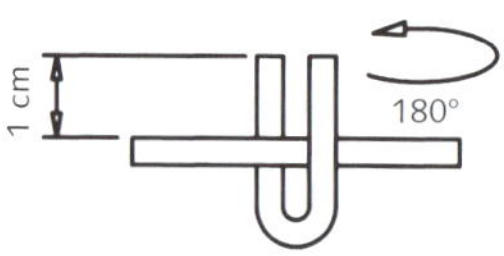

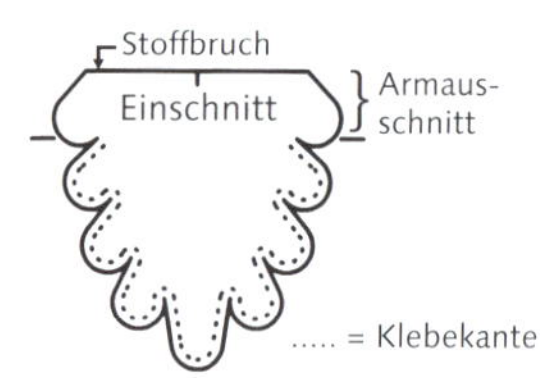

Variante 3 : Minifilzies mit Armen und rundem Körper

Knicken Sie die beiden Biegeplüschteile wie bei Variante 2 beschrieben.

Das runde Filzteil schneiden Sie nach Vorlage aus und fassen es mit einem 20 cm langen, reißfesten Faden und kleinen Heftstichen rundherum ein (Rollkante). Dann ziehen Sie den Faden etwas an, füllen das dadurch entstehende Beutelchen mit etwas Schafswolle und ziehen das Beutelchen dann ganz zusammen. Verknoten Sie den Faden gut, aber schneiden Sie ihn nicht ab.

Jetzt legen Sie die Arme mittig auf die kleine Kugel, führen den Faden über die linke Schulter des Gestells, stechen in der vorderen Mitte der Kugel ein und ½ cm daneben wieder aus. Führen Sie den Faden über die rechte Schulter und stechen Sie in der hinteren Mitte wieder aus. Ziehen Sie den Faden fest an, verknoten Sie ihn und schneiden Sie ihn ab.

Die Arme sind nun fest mit dem Körper verbunden. Stecken Sie dann die Kopf- und die Handperlen auf.

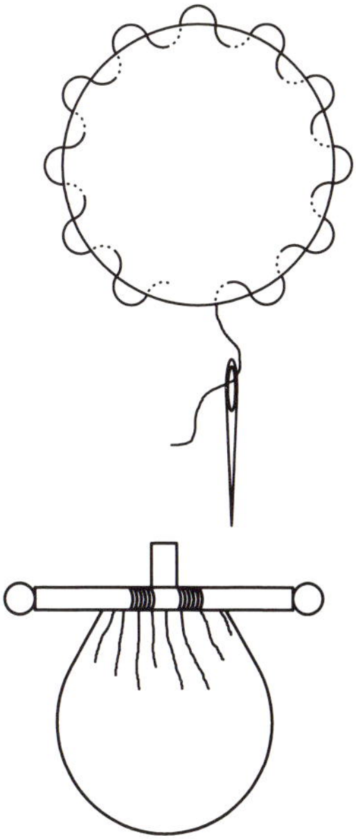

Weitere Arbeitsschritte

Übertragen der Schnitte

Legen Sie das Transparentpapier auf die Vorlage und zeichnen Sie die Teile mit Bleistift nach. Schneiden Sie die Vorlage aus und heften Sie sie mit einer Stecknadel auf den Filz. So können Sie die benötigten Filzteile problemlos ausschneiden.

Gestalten des Gesichtes

Die Nase besteht aus einer halbierten Holzperle mit ø 4 mm.

Für die *Barthaare* einiger Tiere habe ich Kunsthaare eines Kehrbesens verwendet. Sie können aber auch schwarzen Zwirn verwenden. Kleben Sie die Haare oder Fäden in die halbierte Holzperle und lassen Sie das Ganze trocknen. Dann erst kleben Sie die Nase in das Gesicht.

Die *Augen und Bäckchen* werden mit einem Stecknadelkopf aufgedrückt. Wer will, verziert die Augen mit weißen Lichtflecken. Den Mund und die Sommersprossen malen Sie mit einem Pinsel Gr. 0 auf.

Haare

Die Haare werden in der angegebenen Wollqualität mit einer Häkelnadel in Runden gehäkelt. Schlagen Sie drei Luftmaschen an und schließen Sie diese zu einem Ring. Danach häkeln Sie in jede Luftmasche drei feste Maschen. Legen Sie die Haarpracht auf die Kopfperle auf und entscheiden Sie, ob Sie noch eine weitere Runde feste Maschen häkeln müssen oder nicht. Ziehen Sie den Faden durch und vernähen Sie ihn. Dann kleben Sie die Haare auf die Kopfperle.

Hut bzw. Mütze

Beim Hut kleben Sie die schmalen Kanten aufeinander und versehen die obere Seite mit einer Rollkante. Ziehen Sie den Faden zusammen und schneiden Sie ihn ab.

Kragen

Der Kragen wird bei allen Modellen mit einer Rollkante versehen und um den Hals gelegt. Dann ziehen Sie den Faden zusammen und schneiden Sie ihn ab.

Aufhängefaden

Der Aufhängefaden ist ein farblich passender Bindfaden. Durchstechen Sie mit einer Nadel die Haare bzw. die Mütze und verknoten Sie den Faden oben. Bei den Tieren kleben Sie den Aufhängefaden an.

Motivgröße

je nach Haselnuss
ca. 4 cm

Material Haselnuss-Hase

- Filz in Dunkelbraun
- Halbierte Holzperle in Dunkelbraun, 1 x ø 6 mm
- Kunsthaare eines Kehrbesens
- Pompon in Braun, 1 x ø 5 mm
- Haselnuss
- Bastelfarbe in Schwarz und Weiß

Vorlagenbogen 1A

Motivgröße

ca. 9 cm

Material für beide Häschen

- Filz in Gelb, Rot, Grün, Blau, Orange, Hellbraun und Dunkelbraun
- Biegeplüsch in Braun
- Holzperlen in Mittelbraun, 2 x ø 15 mm, 4 x ø 6 mm, 4 x ø 8 mm
- Halbierte Holzperlen in Dunkelbraun, 2 x ø 6 mm oder 2 x ø 4 mm
- Kunsthaare eines Kehrbesens
- Feiner Draht in Grün, 3 cm lang
- Pompons in Braun, 2 x ø 5 mm
- Bastelfarbe in Schwarz, Weiß und Rosa
- Wellenschere

Vorlagenbogen 1A

Haselnuss-Hase

Schneiden Sie die Ohren aus und kleben Sie sie auf. Das Gesicht gestalten Sie wie in der allgemeinen Anleitung beschrieben. Kleben Sie zum Schluss dem Haselnuss-Häschen ein Pompon-Stummelschwänzchen auf.

Osterhasenpärchen „Lena und Tom“

Die Osterhasen werden nach Variante 1 gefertigt.
Lena ziehen Sie das Kleid über das Biegeplüsch-Gerüst und kleben dessen Seiten schmalkantig zusammen. Stecken Sie die Kopf-, die Fuß- und die Handperlen auf. Kleben Sie die kleinen hellbraunen Ohren auf die großen dunkelbraunen und kleben Sie diese hinten auf den Kopf. Gestalten Sie das Gesicht und kleben Sie die Tasche und die Haarschleife laut Abbildung auf. Die Blume kleben Sie auf ein kleines Stück Draht und stecken Sie dann in Lenas Tasche.
Tom ziehen Sie die blaue Hose an und verfahren dann bei ihm weiter wie bei Lena. Kleben Sie die kleine Möhre seitlich zusammen und versehen Sie sie an der oberen Sei-

te mit einer Rollkante. Die grünen Blätter schneiden Sie mit der Wellenschere aus und fassen sie beim Zusammenziehen der Möhre mit ein. Dann kleben Sie sie in Toms Hand. Kleben Sie ihm seine Taschen auf und binden Sie ihm ein Halstuch um. Kleben Sie jedem Häschen auf die Rückseite ein Pompon-Stummelschwänzchen auf.

Motivgröße
ca. 10 cm

Material Möhrchen
- Filz in Orange und Grün
- Holzperle in Natur, 1 x ø 15 mm
- Halbierte Holzperle in Natur, 1 x ø 4 mm
- Fransenwolle in Hellgrün
- Schafswolle
- Bastelfarbe in Schwarz, Weiß, Rot und Rosa
- Heißkleber
- Wellenschere

Vorlagenbogen 1A

Motivgröße
ca. 7,5 cm

Material Löwenzahn
- Filz in Grün und Gelb
- Biegeplüsch in Grün
- Holzperlen in Natur, 1 x ø 15 mm, 2 x ø 6 mm
- Halbierte Holzperle in Natur, 1 x ø 4 mm
- Holzperlen in Grün, 2 x ø 8 mm
- Lockenwolle in Natur
- Satinband in Gelb
- Bastelfarbe in Schwarz, Weiß, Rosa und Rot

Vorlagenbogen 1A

Möhrchen

Schneiden Sie alle Filzteile laut Vorlage aus und kleben Sie das orangefarbene Teil an der Längskante zusammen. Stopfen Sie die Möhre mit etwas Schafswolle aus und arbeiten Sie oben eine Rollkante. Ziehen Sie den Faden zusammen und kleben Sie den Kopf auf. Häkeln Sie die Haare wie in der allgemeinen Anleitung beschrieben. Kleben Sie die Nase auf und gestalten Sie das Gesicht. Schneiden Sie den Kragen mit der Wellenschere aus, versehen Sie ihn ebenfalls mit einer Rollkante und binden Sie ihn dem Möhrchen um den Hals. Zum Schluss schneiden Sie die Kopfblätter mit der Wellenschere aus und kleben Sie ins Haar.

Löwenzahn

Der Löwenzahn wird nach Variante 1 gefertigt.
Ziehen Sie das grüne Blatt-Filzteil über das Biegeplüsch-Gerüst und kleben Sie die Kanten schmalkantig aufeinander. Dann kleben Sie die Perlen für den Kopf, die Arme und die Beine an. Häkeln Sie die Haare und gestalten Sie das Gesicht. Schneiden Sie das gelbe Filzteil lt. Vorlage ein, tragen Sie auf der geraden Kante etwas Klebstoff auf und rollen Sie das Ganze auf. Kleben Sie diesen Fransenhut auf die Haare und malen Sie das Gesicht auf. Zum Schluss binden Sie dem Löwenzahn die gelbe Satinband-Schleife um.

Motivgröße

ca. 7,5 cm

Material Marienkäfer

- Filz in Rot und Schwarz
- Biegeplüsch in Schwarz
- Holzperlen in Natur, 1 x ø 15 mm, 2 x ø 6 mm
- Holzperlen in Schwarz, 2 x ø 8 mm, 2 x ø 4 mm
- Halbierte Holzperle in Schwarz, 1 x ø 4 mm
- Fransenwolle in Schwarz
- Satinband in Rot
- Bastelfarbe in Schwarz, Weiß und Rot

Vorlagenbogen 1A

Motivgröße

ca. 6,5 cm

Material Schmetterling

- Filz in Gelb und Hellorange
- Biegeplüsch in Gelb
- Holzperlen in Natur, 1 x ø 15 mm, 2 x ø 6 mm
- Halbierte Holzperle in Natur, 1 x ø 4 mm
- Fransenwolle in Weiß
- Tüll
- 2 Stecknadeln
- Schafswolle
- Bastelfarbe in Blau, Weiß, Rosa und Rot

Vorlagenbogen 1A

Marienkäfer

Der Marienkäfer wird nach Variante 1 gefertigt. Ziehen Sie die schwarze Hose über das Biegeplüsch-Gerüst und kleben Sie die Außen- und Innenkanten der Hose schmalkantig zusammen. Bringen Sie den Kopf, die Arme und die Füße an. Verzieren Sie den roten Umhang mit fünf schwarzen Punkten, versehen Sie ihn oben mit einer Rollkante und binden Sie ihn dem Marienkäfer um den Hals. Häkeln Sie die Perücke und kleben Sie sie dem Marienkäfer auf den Kopf. Für die Fühler ziehen Sie oben in die Haare ein 4 cm langes Biegeplüschstück ein (dabei in eine feste Masche stechen, eine Masche überspringen und dann durch die nächste wieder herausstechen) und kleben auf beide Enden jeweils eine schwarze Holzperle mit ø 4 mm. Gestalten Sie das Gesicht und binden Sie dem Marienkäfer zum Schluss eine rote Satinband-Schleife um.

Schmetterling

Der Schmetterling wird im Prinzip nach Variante 3 gefertigt.
Kleben Sie den Schmetterlingskörper an der Längsseite schmalkantig zusammen. Arbeiten Sie unten eine Rollkante, ziehen Sie den Faden zusammen und schneiden Sie ihn ab. Dann füllen Sie den Körper mit etwas Schafswolle, arbeiten oben ebenfalls eine Rollkante und ziehen den Faden zusammen. Legen Sie die Arme mittig auf den Körper und befestigen Sie sie wie in der allgemeinen Anleitung beschrieben. Setzen Sie den Kopf auf und malen Sie das Gesicht auf. Häkeln Sie die Perücke und kleben Sie sie auf den Kopf. Als Fühler werden die zwei Stecknadeln angebracht. Binden Sie dem Schmetterling ein Stück Tüll um den Hals und verzieren Sie seine Flügel mit vier hellorangefarbenen Punkten. Zum Schluss kleben Sie den Körper auf die Flügel.

Motivgröße
ca. 7 cm

Material für das Mäusepärchen

- Filz in Grau, Rosa, Blau, Gelb und Grün
- Biegeplüsch in Grau
- Holzperlen in Grau, 2 x ø 15 mm und 4 x ø 6 mm
- Holzperlen in Blau, 2 x ø 8 mm
- Holzperlen in Rosa, 2 x ø 8 mm
- Halbierte Holzperlen in Rosa, 2 x ø 4 mm
- Kunsthaare eines Kehrbesens
- Feiner Draht in Grün, 2 x 4 cm lang
- Bastelfarbe in Schwarz und Weiß

Vorlagenbogen 1A

Mäusepärchen „Mausi und Lausi“

Die Mäuse werden nach Variante 1 gefertigt. Mausi ziehen Sie das rosa Kleid über das Biegeplüsch-Gerüst und kleben dessen Kanten schmalkantig aufeinander. Stecken Sie die Kopf-, die Hand- und die Fußperlen an und gestalten Sie das Gesicht wie abgebildet. Bringen Sie die Ohren an und kleben Sie ihr die gelbe Haarschleife und die gelben Taschen wie abgebildet auf. Kleben Sie die zusammengesetzte Blume auf ein Drahtstück und drücken Sie sie Mausi in die Hand.
Lausi ziehen Sie eine blaue Hose an und verfahren dann bei ihm weiter wie bei seiner kleinen Freundin.
Kleben Sie beiden hinten noch ein ca. 7 cm langes, graues Schwänzchen auf.

Mein Tipp
Die Holzperlen für den Kopf und die Hände können Sie auch selbst mit grauer Farbe bemalen.

Nixe und Neptun

Die Nixe und der Neptun werden nach Variante 2 gearbeitet.
Der Nixe ziehen Sie das hautfarbene Oberteil über und kleben in Brusthöhe die zwei Holzperlen mit ø 8 mm ein. Danach kleben Sie das Oberteil an den Kanten zusammen, schieben die mit etwas Schafswolle gefüllte mittelblaue Flosse auf das hautfarbene Teil und kleben diese fest. Stecken Sie die Kopf- und die Handperlen an und gestalten Sie das Gesicht. Dann häkeln Sie die Perücke. Für die Zöpfe nähen Sie dabei einfach ein Stück mit sechs Luftmaschen an jede Seite.
Kleben Sie die Haare auf und verzieren Sie sie mit einer kleinen Blume, in deren Blütenmitte sich eine Wachsperle befindet.
Fädeln Sie die hell- und dunkelblauen Rocailles auf Bindfaden zu einer Kette auf und legen Sie diese der Nixe um den Hals. Die zweite Wachsperle kleben Sie auf das rechte Handgelenk.

Beim Neptun verfahren Sie bis auf die Brust wie bei der Nixe. Allerdings ist seine Schwanzflosse dunkelblau. Den Bart häkeln Sie folgendermaßen: Schlagen Sie sechs Luftmaschen an, wenden Sie die Arbeit, machen Sie vier feste Maschen, wenden Sie die Arbeit wieder, machen Sie zwei feste Maschen, wenden Sie die Arbeit erneut und machen Sie dann noch eine feste Masche. Ziehen Sie den Faden durch und vernähen Sie ihn. Dieser Bart wird nun unter die Nase geklebt. Auf den Kopf bekommt Neptun noch eine Krone aus Zackenlitze und in die Hand einen Dreizack, den Sie aus Goldfolie ausschneiden.

Motivgröße

ca. 7,5 cm (Nixe) bzw.
ca. 9 cm (Neptun)

Material für beide Figuren

- Filz in Hautfarbe, Mittelblau und Dunkelblau
- Biegeplüsch in Rosa
- Holzperlen in Natur, 2 x ø 15 mm, 2 x ø 8 mm, 4 x ø 6 mm
- Halbierte Holzperlen in Natur, 2 x ø 4 mm
- Fransenwolle in Weiß
- Rocailles in Hellblau (10 x) und Dunkelblau (10 x), ø 2 mm
- Wachsperlen in Weiß, 2 x ø 4 mm
- Zackenlitze in Gold
- Goldfolie
- Schafswolle
- Bindfaden in Weiß
- Bastelfarbe in Blau, Weiß, Rosa und Rot

Vorlagenbogen 1A

Motivgröße
ca. 7 cm (Bärenmama) bzw.
ca. 5,5 cm (Bärenjunge)

Material für beide Bären

- Filz in Weinrot, Blau, Gelb, Rosa, Hellbraun und Dunkelbraun
- Biegeplüsch in Braun
- Holzperlen in Braun 1 x ø 15 mm, 1 x ø 12 mm, 2 x ø 8 mm, 6 x ø 6 mm
- Halbierte Holzperlen in Braun, 2 x ø 4 mm
- Bindfaden in Braun
- Pompons in Braun, 2 x ø 5 mm
- Bastelfarbe in Schwarz, Weiß und Rosa

Vorlagenbogen 1B

Bärenmama und Bärenjunge

Die Bären werden nach Variante 1 gefertigt, allerdings wird der Bärenjunge etwas kleiner. Der Bärenmama ziehen Sie das weinrote Kleid über und kleben dessen Seiten schmalkantig aufeinander. Setzen Sie den Kopf auf und stecken Sie die Perlen auf die Arme und Beine. Kleben Sie die Nasenperle auf die Schnauze und gestalten Sie ihr Gesicht dann weiter wie abgebildet. Zum Schluss verzieren Sie ihr Kleid mit einem Herz und bringen auf der Rückseite noch das Pompon-Stummelschwänzchen an.
Der Bärenjunge bekommt ein etwas kleineres Biegeplüsch-Gestell. Fertigen Sie es aus 4 cm langen Armen und 9 cm langen Beinen nach Variante 1 an. Ziehen Sie ihm die blaue Hose an und verfahren Sie dann weiter wie bei der Bärenmama beschrieben. Zum Schluss bekommt er noch einen Schnuller um den Hals gebunden, den Sie folgendermaßen herstellen: Kleben Sie den Schnuller auf den Schnullerteller und bringen Sie dann den Schnullerring an. Hängen Sie dem Bärenjungen den Schnuller mit Bindfaden um und befestigen Sie sein Stummelschwänzchen.

Motivgröße

ca. 5 cm

Material Margerite

- Filz in Grün, Weiß und Gelb
- Biegeplüsch in Grün
- Holzperlen in Natur, 1 x ø 15 mm, 2 x ø 6 mm
- Halbierte Holzperle in Natur, 1 x ø 4 mm
- Fransenwolle in Weiß
- Baumwollspitze in Weiß
- Schafswolle
- Bastelfarbe in Schwarz und Rot

Vorlagenbogen 1B

Motivgröße

ca. 5 cm

Material Rosalie

- Filz in Rosa und Weiß
- Biegeplüsch in Weiß
- Holzperlen in Natur, 1 x ø 15 mm, 2 x ø 6 mm
- Halbierte Holzperle in Natur, 1 x ø 4 mm
- Lockenwolle in Blond
- Schafswolle
- Bastelfarbe in Blau, Weiß, Rosa und Rot

Vorlagenbogen 1B

Margerite

Die Margerite wird nach Variante 3 gefertigt. Setzen Sie den Kopf auf den grünen Körper und stecken Sie die Perlen an die Arme. Häkeln Sie die Perücke und kleben Sie die Haare auf den Kopf. Arbeiten Sie den Hut nach Vorlage (weiße Blütenblätter und gelbe Blütenmitte) und befestigen Sie diesen auf den Haaren. Kleben Sie die Nase auf und malen Sie der Margerite das Gesicht auf. Zum Schluss binden Sie ihr ein Stück Baumwollspitze um den Hals.

Rosalie

Rosalie wird nach Variante 3 gefertigt.
Setzen Sie den Kopf auf den rosa Körper und stecken Sie die Perlen an die Arme. Häkeln Sie die Perücke und kleben Sie die Haare auf den Kopf. Den weißen Hut kleben Sie an der schmalen Kante zusammen und arbeiten oben eine Rollkante. Ziehen Sie den Faden fest und schneiden Sie ihn ab. Dann kleben Sie den Hut auf die Haare und verzieren diesen noch mit zwei kleinen rosa Blümchen. Schneiden Sie den Kragen an einer Stelle ein, legen Sie ihn Rosalie um den Hals und kleben Sie ihn dann hinten wieder zusammen.

Motivgröße

ca. 7 cm

Material Mohnblume

- Filz in Rot, Schwarz und Dunkelgrün
- Biegeplüsch in Grün
- Holzperlen in Natur, 1 x ø 15 mm, 2 x ø 6 mm
- Halbierte Holzperle in Natur, 1 x ø 4 mm
- Fransenwolle in Schwarz
- Satinband in Rot
- Bastelfarbe in Schwarz, Weiß, Rot und Rosa

Vorlagenbogen 1B

Motivgröße

ca. 7,5 cm

Material Glockenblume

- Filz in Hellblau
- Biegeplüsch in Grün
- Holzperlen in Natur, 1 x ø 15 mm, 2 x ø 6 mm
- Halbierte Holzperle in Natur, 1 x ø 4 mm
- Fransenwolle in Weiß
- Tüllband in Weiß
- Schafswolle
- Bastelfarbe in Blau, Weiß, Rot und Rosa

Vorlagenbogen 1B

Mohnblume

Die Mohnblume wird nach Variante 2 gefertigt.
Ziehen Sie der Mohnblume das grüne Kleid über und kleben Sie die Außenkanten schmalkantig aufeinander. Stecken Sie die Kopf- und Handperlen auf. Häkeln Sie die Perücke und kleben Sie sie auf. Dann gestalten Sie das Gesicht wie abgebildet. Für die Zöpfe der Mohnblume häkeln Sie jeweils sechs Luftmaschen und nähen diese an die Haare. Reihen Sie die sechs roten Blütenblätter für den Hut aneinander und ziehen Sie diese leicht zusammen. Dann kleben Sie einen schwarzen Punkt in die Blütenmitte. Zum Schluss binden Sie der Mohnblume eine rote Satin-Schleife um den Hals.

Glockenblume

Die Glockenblume wird nach Variante 2 gefertigt.
Ziehen Sie der Glockenblume das hellblaue Kleid über und stopfen Sie es mit Schafswolle aus. Dann kleben Sie die Außenkanten schmalkantig aufeinander. Kleben Sie die Kopf- und die Handperlen auf. Dann häkeln Sie die Perücke, kleben diese auf und gestalten das Gesicht. Der Hut wird an der schmalen Kante zusammengeklebt und oben mit einer Rollkante versehen. Ziehen Sie diese Rollkante fest zusam-

men und schneiden Sie den Faden ab. Über dem unteren gezackten Rand heften Sie einen Faden ein und ziehen den Hut dann etwas zusammen. Stopfen Sie etwas Schafswolle in den Hut und kleben Sie ihn auf die Haare. Zum Schluss binden Sie der Glockenblume noch ein Stückchen Tüllband um den Hals.

Motivgröße
ca. 8,5 cm

Material Eichelmännchen
- Filz in Gelb und Grün
- Biegeplüsch in Grün
- Holzperlen in Natur, 1 x ø 15 mm, 2 x ø 6 mm
- Halbierte Holzperle in Natur, 1 x ø 4 mm
- Lockenwolle in Braun
- 2 Eicheln
- Bastelfarbe in Schwarz, Rot und Rosa
- Wellenschere

Vorlagenbogen 1B

Eichelmännchen

Die Eichel wird nach Variante 2 gefertigt. Ziehen Sie ihr das gelbe Kleid über und kleben Sie die Außenkanten rundherum schmalkantig aufeinander. Setzen Sie den Kopf auf und stecken Sie die Perlen an die Arme. Häkeln Sie die Perücke und kleben Sie sie auf den Kopf. Die gelbe Mütze kleben Sie an der Schmalkante zusammen und versehen sie oben mit einer Rollkante. Ziehen Sie den Faden zusammen und schneiden Sie ihn ab. Kleben Sie den Hut auf die Haare und verzieren Sie ihn mit zwei Eicheln. Kleben Sie die Nase an und malen Sie das Gesicht auf. Zum Schluss schneiden Sie eine Längsseite des Kragens mit der Wellenschere zurecht, versehen die andere Längsseite mit einer Rollkante und binden dem Eichelmännchen den Kragen um.

Motivgröße
ca. 6 cm

Material Sonnenblume
- Filz in Dunkelbraun
- Biegeplüsch in Braun
- Holzperle in Natur, 1 x ø 15 mm, 2 x ø 6 mm
- Halbierte Holzperle in Natur, 1 x ø 4 mm
- Lockenwolle in Braun
- Satinband in Dunkelgrün
- Seidene Sonnenblume, ø 6 cm
- Kleine Blume in Gelb, ø 1 cm
- Bastelfarbe in Schwarz, Weiß und Rot
- Schafswolle
- Heißkleber

Vorlagenbogen 1B

Sonnenblume

Dieser Minifilzie wird nach Variante 3 angefertigt.
Versehen Sie das dunkelbraune runde Filzteil mit einer Rollkante, füllen Sie den Körper mit etwas Schafswolle und ziehen Sie ihn zusammen. Dann arbeiten Sie die Figur wie in der allgemeinen Anleitung beschrieben weiter. Häkeln Sie die Perücke und kleben Sie diese der Sonnenblume auf den Kopf. In die Haare kommt noch die kleine Blume. Gestalten Sie das Gesicht und binden Sie der Sonnenblume eine Satinband-Schleife um. Zum Schluss kleben Sie die Figur auf die seidene Sonnenblume.

Motivgröße
ca. 5,5 cm

Material Kürbis
- Filz in Orange und Grün
- Biegeplüsch in Orange
- Holzperlen in Natur, 1 x ø 15 mm, 2 x ø 6 mm
- Halbierte Holzperle in Natur, 1 x ø 4 mm
- Fransenwolle in Orange
- Schafswolle
- Bastelfarbe in Schwarz, Weiß und Rot

Vorlagenbogen 1B

Kürbis

Der Kürbis wird nach Variante 3 gefertigt. Setzen Sie den Kopf auf das orangefarbene runde Filzteil und stecken Sie die Perlen an die Arme. Häkeln Sie die Perücke und kleben Sie sie auf den Kopf. Kleben Sie die Nase an und malen Sie das Gesicht auf. Binden Sie dem Kürbis den grünen Kragen um und bringen Sie zum Schluss noch den Kürbisstiel in den Haaren an.

Motivgröße
ca. 7,5 cm

Material Tannenzapfen
- Filz in Dunkelbraun
- Biegeplüsch in Dunkelbraun
- Holzperlen in Natur, 1 x ø 15 mm, 2 x ø 6 mm
- Halbierte Holzperle in Natur, 1 x ø 4 mm
- Fransenwolle in Dunkelbraun
- Schafswolle
- Bastelfarbe in Schwarz, Weiß, Rosa und Rot

Vorlagenbogen 1B

Tannenzapfen

Der Tannenzapfen wird im Prinzip nach Variante 3 gefertigt.
Kleben Sie die zwei dunkelbraunen Körperteile rundum schmalkantig aufeinander und wenden Sie den Körper dann nach einer kurzen Trocknungszeit auf die rechte Seite. Stopfen Sie ihn mit Schafswolle aus und arbeiten Sie an der oberen Seite eine Rollkante. Ziehen Sie den Faden zusammen und befestigen Sie die Arme wie bei Variante 3 beschrieben. Bringen Sie die Kopf- und die Handperlen an. Häkeln Sie die Perücke und kleben Sie sie auf den Kopf. Nun kleben Sie jedes der beiden Hutteile kreisförmig zusammen. Kleben Sie das 8-schuppige Hutteil auf das 6-schuppige und zwar so, dass die Schuppen abstehen. Versehen Sie das Ganze mit einer Rollkante und ziehen Sie den Faden zusammen. Fassen Sie dabei den Stiel vom Tannenzapfen mit ein. Setzen Sie dem Tannenzapfen-Filzie den Hut auf und gestalten Sie sein Gesicht. Zum Schluss binden Sie ihm noch seinen Kragen um den Hals.

Motivgröße

ca. 11 cm

Material Mondfee „Elfi"

- Filz in Blau
- Biegeplüsch in Blau
- Holzperlen in Natur, 1 x ø 15 mm, 2 x ø 6 mm
- Halbierte Holzperle in Natur, 1 x ø 4 mm
- Holzperlen in Blau, 2 x ø 8 mm
- 1 Zahnstocher
- Streusterne in Gold
- Lockenwolle in Orange
- Bastelfarbe in Blau und Rot
- Goldfolie

Vorlagenbogen 1B

Motivgröße

ca. 10 cm

Material Hexe

- Filz in Schwarz
- Biegeplüsch in Schwarz
- Holzperlen in Natur, 1 x ø 15 mm, 2 x ø 6 mm
- Schafswolle in Weiß
- Zahnstocher
- Bastelfarbe in Schwarz und Rot
- Holzstäbchen (z. B. Schaschlikstab)
- Stroh
- Bindedraht

Vorlagenbogen 1B

Mondfee „Elfi"

Die Mondfee wird nach Variante 1 gefertigt. Ziehen Sie der Mondfee das blaue Kleid über und kleben Sie die Außenseiten schmalkantig zusammen. Setzen Sie ihr ihren Kopf auf und stecken Sie die Hand- und Fußperlen an. Häkeln Sie die Perücke und kleben Sie sie auf den Kopf. Kleben Sie den Feenhut an der Längsseite zusammen und befestigen Sie ihn in den Haaren. Gestalten Sie das Gesicht und verzieren Sie die Mondfee mit den Sternen. Zum Schluss drücken Sie ihr noch den Zahnstocher-Stab in die Hand, den Sie mit dem Mond aus Goldfolie schmücken.

Hexe

Die Hexe wird nach Variante 1 gefertigt.
Ziehen Sie das schwarze Kleid über das Biegeplüsch-Gerüst und kleben Sie die Seitenkanten schmalkantig aufeinander. Setzen Sie den Kopf auf und stecken Sie die Perlen an die Arme. Kleben Sie die Hutspitze an der Längsseite zusammen und befestigen Sie diese auf dem runden Hutteil. Kleben Sie lange Strähnen der Schafswolle auf den Kopf und setzen Sie der Hexe den Hut auf. Die Nase besteht aus einem spitzen Stück Zahnstocher. Die Beine der Hexe biegen Sie etwas nach vorne und klemmen einen Besen dazwischen, den Sie so herstellen können: An ein kurzes Schaschlikstäbchenstück binden Sie rundum etwas Stroh und befestigen den Draht laut Foto. Zum Schluss befestigen Sie den Besenstil an einer Hand.

Mein Tipp

Die Haare und der Hut werden am besten mit der Heißklebepistole aufgeklebt.

Motivgröße
ca. 5,5 cm

Material Schneemann
- Filz in Weiß, Schwarz und Orange
- Biegeplüsch in Weiß
- Holzperlen in Weiß, 1 x ø 15 mm, 2 x ø 6 mm
- Halbierte Holzperlen in Schwarz, 2 x ø 4 mm
- Kariertes Baumwollband in Weiß-Orange
- Schafswolle
- Bastelfarbe in Schwarz und Rosa

Vorlagenbogen 1B

Motivgröße
ca. 7 cm

Material Nikolaus
- Filz in Rot und Braun
- Biegeplüsch in Rot
- Holzperlen in Natur, 1 x ø 15 mm, 2 x ø 6 mm
- Halbierte Holzperle in Natur, 1 x ø 4 mm
- Fransenwolle in Weiß
- Nähfaden in Braun
- Schafswolle
- Bastelfarbe in Schwarz, Weiß und Rosa

Vorlagenbogen 1B

Schneemann

Der Schneemann wird nach Variante 3 gefertigt. Setzen Sie ihm den Kopf auf und stecken Sie weißen Perlen an die Arme. Schneiden Sie den Zylinder nach Vorlage aus und kleben Sie das rechteckige Teil an der Seite zusammen. Auf die obere Öffnung kleben Sie das kleine runde Teil und setzen das Ganze dann auf das große runde Hutteil. Kleben Sie den Hut auf den Kopf. Rollen Sie das kleine Filzdreieck zu einer Möhre zusammen und kleben Sie sie als Nase ins Gesicht. Den Bauch zieren Knöpfe aus halbierten Holzperlen. Zum Schluss binden Sie dem Schneemann noch seinen Schal um.

Nikolaus

Der Nikolaus wird nach Variante 3 gefertigt. Setzen Sie ihm seinen Kopf auf und stecken Sie die Perlen an die Arme. Kleben Sie seine Nase an und malen Sie das Gesicht auf. Die rote Mütze kleben Sie an den Längskanten zusammen und anschließend auf seinen Kopf. Der Mützenrand besteht aus zwölf Luftmaschen aus weißer Fransenwolle, die zu einem Ring geschlossen werden. Danach arbeiten Sie auf jeder Luftmasche eine feste Masche, schneiden den Faden ab und vernähen ihn. Kleben Sie den Mützenrand um die Mütze. Den Bart arbeiten Sie folgendermaßen: Schlagen Sie neun Luftmaschen an, wenden Sie die Arbeit, machen Sie sieben feste Maschen, wenden Sie die Arbeit erneut, machen Sie fünf feste Maschen, wenden Sie das Stück wieder, machen Sie drei feste Maschen, wenden Sie es wieder und schließen Sie es mit einer festen Masche ab. Dann vernähen Sie den Faden und schneiden ihn ab. Kleben Sie den Bart unter die Nase. Das braune Säckchen kleben Sie seitlich zusammen, binden es oben mit einem Faden zusammen und geben es dem Nikolaus in die Hand.

Motivgröße
ca. 5 cm

Material
Engel mit Kugelbauch
- Filz in Weiß
- Biegeplüsch in Weiß
- Holzperlen in Natur, 1 x ø 15 mm, 2 x ø 6 mm
- Halbierte Holzperle in Natur, 1 x ø 4 mm
- Fransenwolle in Weiß
- Zackenlitze in Gold
- Baumwollspitze in Weiß
- Tüll in Gold
- Zahnstocher
- Stern in Gold, ø 1 cm
- Schafswolle
- Bastelfarbe in Blau, Weiß, Rosa und Rot

Vorlagenbogen 1B

Motivgröße
ca. 6,5 cm

Material Engel mit Kleid
- Filz in Weiß
- Biegeplüsch in Weiß
- Holzperlen in Natur 1 x ø 15 mm, 2 x ø 6 mm
- Halbierte Holzperle in Natur, 1 x ø 4 mm
- Holzperlen in Weiß, 2 x ø 8 mm
- Fransenwolle in Weiß
- Tüll in Gold
- Streusterne in Gold
- Sterngirlande in Gold
- Notenblatt (siehe Vorlage)
- Bastelfarbe in Blau, Weiß, Rot und Rosa

Vorlagenbogen 1B

Engel mit Kugelbauch

Der Engel mit dem Kugelbauch wird nach Variante 3 gefertigt.
Setzen Sie den Kopf auf und stecken Sie die Perlen an die Arme. Häkeln Sie die Perücke und kleben Sie sie auf den Kopf. Formen Sie die Zackenlitze zu einer Krone und kleben Sie sie ins Haar. Dann gestalten Sie das Gesicht wie abgebildet. Die Engelsflügel schneiden Sie aus goldenem Tüll (5 cm x 4 cm) zu, raffen sie in der Mitte zusammen und kleben sie auf den Rücken. Die Baumwollspitze binden Sie als Kragen um den Hals. In die Hand bekommt der Engel noch einen Zahnstocher mit einem aufgeklebten Stern.

Engel mit Kleid

Der Engel mit Kleid wird nach Variante 1 gefertigt
Kleben Sie das Filzkleid hinten zusammen, fertigen Sie oben eine Rollkante an und ziehen Sie das Kleid dann über das Biegeplüsch-Gerüst. Setzen Sie den Kopf auf und stecken Sie die Perlen an die Arme und Beine. Häkeln Sie die Perücke aus Fransenwolle und kleben Sie sie auf. Die Engelsflügel bestehen aus goldenem Tüll (6 cm x 5 cm), den Sie in der Mitte zusammenraffen und dann auf den Rücken kleben. Den Kragen aus Tüll (6 cm x 3 cm) falten Sie in der Längsmitte und binden ihn um den Hals. Kleben Sie die Nase an und malen Sie das Gesicht auf. Die Haare verzieren Sie mit der Sterngirlande, das Kleid mit den Streusternen. Zum Schluss drücken Sie dem Engel das Notenblatt in die Hände, das Sie nach der Vorlage anfertigen.

Motivgröße

ca. 6 cm

Material Tannenzapfenwichtel

- Filz in Rot
- Holzperle in Natur, 1 x ø 15 mm
- Halbierte Holzperlen in Natur, 2 x ø 6 mm, 1 x ø 4 mm
- Schafswolle in Braun
- Schmales Band in Gold
- Länglicher Tannenzapfen
- Bastelfarbe in Schwarz, Rot und Rosa
- Heißkleber

Vorlagenbogen 1B

Tannenzapfenwichtel

Schneiden Sie die Filzteile nach Vorlage aus. Kleben Sie die Kopfperle mit Heißkleber auf den Tannenzapfen. Versehen Sie das Mäntelchen oben mit einer Rollkante und binden Sie es dem Wichtel um den Hals. Für die Hände kleben Sie die halbierten Holzperlen mit ø 6 mm seitlich an den Mantel. Kleben Sie etwas Schafswolle auf den Kopf. Kleben Sie die Mütze zusammen und setzen Sie sie dem Tannenwichtel auf den Kopf. Gestalten Sie sein Gesicht wie abgebildet und binden Sie ihm zum Schluss die goldene Schleife um.

Motivgröße

ca. 4 cm

Material Nikolausmützen-Maus

- Filz in Braun und Rot
- Halbierte Holzperle in Dunkelbraun, 1 x ø 6 mm
- Kunsthaare eines Kehrbesens
- Pompon in Weiß, ø 5 mm
- Haselnuss
- Bastelfarbe in Schwarz und Weiß

Vorlagenbogen 1B

Nikolausmützen-Maus

Schneiden Sie die Filzteile nach Vorlage aus. Kleben Sie die Nase mit den Schnurrbarthaaren und die braunen Ohren auf. Malen Sie dann der Maus das Gesicht auf. Kleben Sie die rote Mütze zusammen und verzieren Sie diese mit dem Pompon. Ein 6 cm langes und 0,5 cm breites braunes Filzstück dient als Schwanz.